TAFTA : l'accord du plus fort

Thomas Porcher – Frédéric Farah

TAFTA : l'accord du plus fort

Max Milo
ESSAIS-DOCUMENTS

Collection Essais-Documents, Paris, 2014
www.maxmilo.com

ISBN : 978-2-315-00614-4

Introduction

Aujourd'hui, à Bruxelles et aux États-Unis se joue la signature d'un traité qui risque de changer radicalement la vie de centaines de millions de citoyens américains et européens. Ce traité n'a pas encore de nom fixe mais une série de sigles et d'acronymes le qualifie : TAFTA (Transatlantic Free Trade Agreement), TTIP (Transatlantic Trade and Investment Partnership), GMT (grand marché transatlantique)... C'est un accord de libre-échange entre les deux plus grandes zones économiques du monde, l'Europe et les États-Unis. Le but est d'abaisser le plus possible les barrières du commerce – qu'elles soient tarifaires (droits de douane) ou non tarifaires (normes) – pour faciliter les échanges entre les deux ensembles.

À en croire les promoteurs du traité, l'enchaînement économique serait vertueux : en supprimant ces barrières, les entreprises trouveraient des débouchés supplémentaires, produiraient plus de biens et donc créeraient des emplois. La concurrence entre les entreprises permettrait également aux consommateurs d'obtenir des biens moins chers et plus diversifiés ce qui améliorerait leur pouvoir d'achat et leur offrirait un choix plus large de produits.

Mais, n'avons-nous pas déjà entendu cette douce mélodie lors de la création du marché unique ? Nos marchés seront certes plus ouverts mais vont-ils permettre des créations d'emplois ? Les nouvelles normes seront-elles européennes ou américaines ? Et si les négociateurs sont les entreprises multinationales de part et d'autre de l'Atlantique, négocient-elles les unes contre les autres ou s'entendent-elles pour réviser et rendre plus permissives les contraintes réglementaires ? Enfin, les États pourront-ils avoir encore la possibilité d'édicter des normes plus strictes une fois le traité ratifié ?

Telles sont les questions auxquelles ce texte tente de répondre. La tâche est difficile car le traité est en cours de négociation et les informations disponibles sont très partielles. Mais un certain nombre d'éléments nous permettent de conduire une réflexion, même si elle reste, par conséquent, incomplète. D'ores et déjà, notre approche identifie un certain nombre de risques potentiels pour les consommateurs et les travailleurs mais également pour certains secteurs d'activité. Elle montre également qu'avec cet accord, la transition énergétique sera encore plus difficile à engager.

En termes de gains pour les populations, les prévisions de la Commission européenne sur les créations d'emplois et la croissance économique semblent largement critiquables. À l'inverse, en s'offrant la possibilité de redessiner les limites des réglementations, les gains pour les multinationales pourraient être énormes.

Le but de ce texte est donc de fournir une information claire aux citoyens sur les effets que pourrait engendrer TAFTA afin qu'ils s'approprient ces questions et ne laissent pas des comités de spécialistes décider à leur place[1]. Car ce traité est l'affaire de tous tant le champ des négociations concerne l'ensemble de notre vie (alimentation, éducation, santé, droits sociaux, etc.) et ne répond surtout en rien aux problèmes actuels de l'Europe qui sont la nécessité de lutter contre le chômage, l'urgence écologique ou la réglementation de la finance. Ne nous laissons plus imposer des choix au nom de principes d'une science économique trop souvent soumise aux intérêts des plus forts (multinationales, marchés financiers), refusons ces délibérations à huis clos et exigeons un vrai débat démocratique.

1. Dans plusieurs régions, des collectifs citoyens se sont déjà créés comme Stop TAFTA.

TAFTA : LA GENÈSE EN QUELQUES MOTS

La promotion du traité de libre-échange transatlantique par les autorités européennes s'inscrit dans une histoire qui recoupe largement celle de l'Union européenne. En effet, la liberté des échanges a été l'un des principes de base de la construction européenne qui s'est matérialisée avec force dans la création du marché unique, de la monnaie unique et dans l'ouverture du marché européen aux échanges mondiaux.

Les dirigeants européens ont bien travaillé, au point qu'aujourd'hui, l'Union européenne est la zone du monde la moins couverte par des tarifs douaniers[2]. Mais cette croyance dans le libre-échange s'est largement manifestée en dehors de Bruxelles

2. En 2010, leur niveau était en moyenne de 2,2 % sur les produits européens importés par les États-Unis et de 3,3 % sur les produits états-uniens importés par l'Union européenne.

dans les cycles de négociation du GATT[3] quand les dirigeants de l'Union ne cessaient de mettre en avant les effets positifs attendus d'une extension de l'ouverture des économies : des biens plus diversifiés et moins chers pour les consommateurs, et un élargissement des débouchés pour les entreprises. Des commissaires européens bien connus ont promu cette vision comme Peter Mandelson ou Lord Leon Brittan et, contrairement à l'idée reçue, la doctrine libérale connaît une application bien plus stricte dans les institutions de l'Union européenne qu'aux États-Unis. Récemment, en mai 2014, José Manuel Barroso, dans un discours à l'université de Stanford, a réaffirmé avec vigueur sa foi dans le libre-échange[4].

En 2006 déjà, l'Union européenne définissait une stratégie en matière de politique commerciale dite « Global Europe : Competing in the World »[5]. Cette dernière vise à rechercher avec les principaux partenaires commerciaux de l'Union européenne des accords de libre-échange de nouvelle génération qui, au-delà de la diminution des droits de douane, étendraient leur portée à l'ensemble des champs commerciaux et traiteraient les obstacles du

---

3. Le GATT (en français : accord général sur les tarifs douaniers et le commerce) est l'ancêtre de l'Organisation mondiale du commerce (OMC).

4. Barroso (José Manuel), « Global Europe, from the Atlantic to the Pacific », université de Stanford, 1er mai 2014, http://europa.eu/rapid/press-release_SPEECH-14-352_en.htm

5. Commission européenne, « Global Europe : Competing in the World », 4 octobre 2006.

commerce derrière les frontières : services, marchés publics, protection des droits de propriété intellectuelle, développement durable, normes sanitaires et phytosanitaires. Ces accords sont dits « derrière la frontière » car ils portent sur des normes établies à l'intérieur d'un pays et non pas sur les tarifs douaniers qui sont un droit de passage de la frontière.

Ce projet de stratégie commerciale a connu une traduction dans les faits, puisqu'il existe désormais un accord d'association avec le Pérou et la Colombie depuis mai 2013, avec le Honduras, le Nicaragua et le Panama depuis août 2013, et avec le Canada depuis le 18 octobre 2013. D'autres accords de libre-échange avec les pays dits du « partenariat oriental » sont en cours : Ukraine, Moldavie, Géorgie, Arménie ou encore des négociations avec des organisations régionales comme le Conseil de coopération du Golfe ou le Mercosur[6].

C'est dans le cadre de cette stratégie que s'inscrit le partenariat transatlantique avec les États-Unis[7]. D'un point de vue institutionnel, en 2009, le Parlement européen a voté à la quasi-unanimité une résolution sur les relations transatlantiques appelant à la construction d'un véritable marché intégré à l'horizon 2015. En janvier 2012, la direction de la concurrence a organisé 135 réunions

6. Marché commun regroupant plusieurs pays d'Amérique du Sud.

7. La réalité est que ce projet de partenariat est dans les tiroirs depuis plus de vingt ans mais a connu des périodes creuses notamment entre 1998 et 2005 (période où les États-Unis tentent de se rapprocher de la Chine).

avec différentes entreprises multinationales en vue de préparer les négociations à venir. Mais le coup d'envoi réel des négociations a eu lieu le 8 janvier 2013 et, à ce jour, plusieurs rounds de négociations ont déjà été effectués et la conclusion est envisagée au cours de l'année 2015[8].

À première vue rien d'inquiétant, si ce n'est que ces objectifs s'inscrivent dans la politique libérale de l'Europe. Mais un partenariat avec les États-Unis n'aura pas les mêmes conséquences qu'un partenariat avec la Moldavie ou le Pérou. Premièrement parce que, contrairement aux autres pays, l'Europe et les États-Unis font dans la grande majorité des cas du commerce intra-branche, c'est-à-dire qu'ils échangent des biens de même type, ce qui pourrait augmenter la concurrence et affecter certaines entreprises.

Deuxièmement, parce que la fabrication des biens européens se fait en fonction de normes et de conditions différentes. C'est d'ailleurs sur ce point que le traité pourrait devenir très inquiétant.

8. Ce traité, pour exister, doit connaître les deux étapes clés prévues par le droit international : la signature et la ratification. La ratification empruntera un chemin européen, celui du Parlement qui votera en séance plénière le texte issu des négociations entre la Commission et les États-Unis. Il est important de savoir que le Parlement ne peut amender le texte et que son veto éventuel peut être annulé par le Conseil. Ce dernier joue un rôle clé dans le processus car il doit adopter à l'unanimité la décision de la conclusion de l'accord ; enfin la dernière étape a lieu dans les Parlements nationaux qui vont intégrer les dispositifs dans le droit national de chaque pays.

Comment va se réaliser ce « rapprochement des normes » entre les États-Unis et l'Europe ?

Enfin, le traité prévoit la mise en place de tribunaux arbitraux afin d'assurer la garantie de protection apportée aux investisseurs. Ce mécanisme juridique mérite une attention particulière car, par essence, il porte atteinte à la souveraineté des États. Et il est à craindre qu'une justice privée, capable de condamner les États et d'empêcher le vote de nouvelles lois plus protectrices, ne voie le jour.

Pourtant, à en croire les promoteurs du traité, ce partenariat, en donnant naissance à la plus grande zone de libre-échange au monde, devrait créer plus de deux millions d'emplois et engendrer plus de 3 000 milliards de flux d'investissement. Compte tenu des effets des politiques de libre-échange menées ces dernières années, il est clair que ces promesses méritent un examen vigilant.

Pourquoi maintenant ?

Le projet du grand marché transatlantique est en préparation depuis plus de vingt ans, mais il a subi une nette accélération depuis 2009. Cette accélération des négociations s'est faite dans un contexte de bouleversement économique et géopolitique mondial avec la montée en puissance de la Chine et d'autres pays émergents. Mais, dans cette alliance stratégique visant à redéfinir la gouvernance économique mondiale, l'Europe semble être le pion des États-Unis.

Depuis la fin de la Seconde Guerre mondiale, les États ont essayé de donner des règles au commerce international. Afin que l'ensemble des pays soit traité sur un pied d'égalité, le GATT a mis en place un certain nombre de principes : réciprocité, transparence et diffusion de la clause de la nation la plus favorisée. Cette clause veut que lorsqu'un pays accorde une faveur, notamment tarifaire à un autre pays, il l'accorde à tous les pays commerçant avec lui et que les producteurs étrangers soient soumis aux mêmes réglementations que les producteurs nationaux. Le but du GATT, puis de l'OMC[9], était clairement affiché : développer un cadre pour favoriser le multilatéralisme.

Mais derrière les beaux principes de fond comme de forme – négociations transparentes et mobilisation du plus grand nombre de pays –, le multilatéralisme n'a jamais eu lieu. Les pays riches ont souvent établi l'ordre du jour des négociations et ont fait en sorte de sortir vainqueur dans le marchandage des règles à fixer. Par exemple, ils ont toujours accepté de libéraliser les secteurs nécessitant des technologies (car eux seuls les avaient) et ont refusé d'ouvrir les secteurs où ils pouvaient être concurrencés (agriculture et textile).

Même droit ne veut pas dire même possibilité. Le multilatéralisme prôné par le GATT, puis par l'OMC, n'efface pas la domination des pays riches. Il faut être bien naïf pour penser que dans les rounds de négociations, le Mali a autant de pouvoir que les États-Unis ou le Royaume-Uni.

La réalité est que si l'on considère l'Europe comme un pays, les négociations de l'OMC ressemblaient plus à des discussions bilatérales. Les chiffres l'attestent : jusqu'à la fin des années 1980, les trois quarts du commerce des pays industrialisés étaient réalisés avec d'autres pays industrialisés.

Ce multilatéralisme de façade ne profitant qu'à une poignée de pays va être perturbé par l'entrée de la Chine à l'OMC en 2001. Alors que la plupart des

9. En 1995, le GATT devient l'OMC, une institution dotée d'un organisme de règlement des différends.

dirigeants américains ou européens, pensant que les exportations de leurs pays allaient envahir la Chine, avaient soutenu son entrée, on a assisté à un mouvement de délocalisation des entreprises de ces pays vers la Chine. D'autres pays émergents comme le Brésil et l'Inde font leur place dans le commerce international et ne laissent plus les Européens ou les Américains leur imposer l'ordre du jour des négociations à l'OMC[10], la part relative des États-Unis et de l'Europe s'affaiblit en conséquence. La Chine devient la deuxième puissance économique après les États-Unis et les deux pays représentent 19,2 % des exportations mondiales[11].

C'est dans ce contexte que l'on assiste à une tentative de rapprochement des États-Unis avec la Chine. Mais, malgré des relations d'interdépendance économique et financière, une entente sur les normes de production semble sans avenir tant les processus de production diffèrent. Et puis la Chine est un rival économique et militaire. Les États-Unis, par-delà un budget militaire sans équivalent[12], développent une véritable diplomatie commerciale. Ils veulent promouvoir, après la pactomanie de la guerre froide – c'est-à-dire des alliances militaires pour endiguer l'URSS pendant cette période –, une pactomanie commerciale : deux

10. Par exemple, le 31 juillet 2014, l'Inde a mis son veto à l'accord de Bali scellé en décembre 2013 et censé faciliter les procédures douanières entre les 160 États membres de l'OMC. Elle aurait accepté de le signer si des progrès avaient été faits sur un autre texte lui permettant de continuer à subventionner son agriculture.
11. OMC (2012).
12. Le budget militaire des États-Unis est équivalent à celui de l'ensemble des autres pays du monde.

immenses traités avec les puissances du Pacifique et de l'Europe pour contenir la Chine.

Mais les multinationales des États-Unis n'avaient pas intérêt à ce que le traité transpacifique soit signé avant le traité transatlantique. En effet, les pays du Pacifique connaissent généralement des normes de production et de consommation moins contraignantes que les normes américaines (les négociations portent en général sur une diminution de la contrainte des normes, comme auparavant sur la diminution des droits de douane, et non sur leur augmentation). Un succès des négociations avec les pays du Pacifique, par l'instauration de normes moins contraignantes, aurait amené les grandes entreprises américaines à s'ajuster sur les normes des pays du Pacifique et à en subir les coûts d'ajustement.

Il faut donc commencer par l'Europe. Car l'établissement de normes communes (normes de consommation et de production) entre les États-Unis et l'Europe en feront des normes mondiales, y compris pour le Pacifique, y compris pour la Chine. Le marché transatlantique sera ainsi le producteur de normes mondiales. Il sera alors possible pour le gouvernement américain, sous pression des lobbies des sociétés américaines, de négocier avec les pays du Pacifique sans devoir abaisser sa réglementation – valant désormais pour tous les pays –, donc sans mutation majeure des techniques américaines de production. Les grandes entreprises des pays industriels du Pacifique devront alors adapter leurs techniques sous peine d'être exclues des marchés européen et américain.

Les États-Unis rappellent donc l'Europe pour un nouveau round de négociations, et l'Europe, qui semblait avoir manqué son rendez-vous pour jouer un rôle international conforme à son poids économique, revient sur le devant de la scène, mais malgré elle.

Une transparence en trompe-l'œil

Une des critiques les plus adressées à TAFTA est son manque de transparence. À en croire les ONG et collectifs citoyens, les négociations seraient opaques et se feraient au mépris des droits des citoyens et des élus. Paradoxalement, la Commission de Bruxelles a développé une intense communication sur le traité et les différents rounds de tractations. Elle a mis en place un site accessible dans toutes les langues où figurent de nombreux documents sur les positions de Bruxelles et le calendrier des négociations. Les négociateurs sont également accompagnés d'un conseil d'experts mêlant représentants d'entreprises et associations de la société civile tandis que les dispositions les plus contestées du traité – comme les tribunaux arbitraux– font l'objet d'une consultation en ligne à l'échelle européenne[13]. Enfin, la ratification du traité, c'est-à-dire l'intégration du traité dans notre droit, devrait faire l'objet d'une implication du Parlement européen comme des Parlements nationaux. Avec autant de souci de communication, de consultation et d'association des parlementaires européens, nationaux, peut-on encore parler d'opacité dans les négociations de TAFTA ? Malheureusement oui, car cette transparence est illusoire pour plusieurs raisons.

Tout d'abord, les informations présentes sur le site Internet de la Commission de Bruxelles restent assez vagues. Elles ne sont guère qu'un assemblage de discours et d'affirmations, dépourvu de chiffrage et de réflexions, ayant pour seul but de rassurer le lecteur. Les réponses aux questions ne font qu'aligner une série de banalités, telles que « la croissance économique et la productivité accrue créée par l'accord bénéficieront aux travailleurs de l'Union et des États-Unis » ou « le but du partenariat ne sera pas de réaliser des bénéfices commerciaux au détriment de la santé de nos consommateurs », ou bien encore « nous ne transigerons pas sur les niveaux de protection existants pour parvenir à un

13. La consultation s'est tenue du 27 mars au 31 juillet 2014. Exactement 149 399 réponses ont été enregistrées. L'Autriche, l'Allemagne et la Suède ont tout particulièrement pris part à la consultation. La participation de la France est relative avec 9 791 réponses. Le dépouillement et les conclusions seront présentées par la Commission de Bruxelles en novembre 2014.

accord[14] », sans évoquer la mise en place d'études concrètes à même de répondre à des questions comme : « Comment va se réaliser cette uniformisation des normes ? Sur quelle échelle de temps ? » Ou, « sachant que les États-Unis n'ont pas ratifié le protocole de Kyoto, sera-t-il possible d'instaurer des réglementations pour lutter contre le réchauffement climatique une fois le traité signé ? » La mise en ligne d'informations ne garantit en rien une meilleure transparence, ni même un meilleur accès aux populations. Les faits le confirment : alors que la gestation du traité a commencé en 2009 avec le vote à la quasi-unanimité du Parlement européen, cinq ans plus tard, les citoyens des pays européens ne savent rien, ou pratiquement rien, sur les négociations. Pourquoi ? Car elles se déroulent en privé, sans eux et sans leurs élus, alors que le traité risque de modifier profondément leur façon de travailler et leur manière de consommer.

Quant à la consultation en ligne, elle n'est en rien la garantie d'une plus grande transparence. Jadis, on laissait des cahiers blancs à destination des habitants d'une commune pour qu'ils puissent exprimer leurs avis sur un projet, aujourd'hui, on ouvre une consultation en ligne au niveau européen. Mais que fera la Commission de toutes ces opinions ? Les intégrera-t-elle en annexe dans le traité final ou y notera-t-elle seulement qu'une

14. Site de la Commission européenne : « Questions fréquentes (TTIP) »,http://ec.europa.eu/trade/policy/in-focus/ttip/questions-and-answers/index_fr.htm

consultation en ligne avec des milliers de réactions a été prise en compte dans l'établissement du mécanisme concernant les tribunaux arbitraux ? La consultation sert uniquement à recueillir des avis pour justifier que le processus reste démocratique mais rien ne changera. D'ailleurs, dans le fond, il n'a jamais été question de faire disparaître les tribunaux arbitraux mais juste de recueillir des avis.

Et quand bien même il y aurait un véritable débat démocratique avec un vote au suffrage universel, l'histoire montre que de nombreux textes européens ont été rejetés par des référendums mais ont finalement refait surface sous une forme à peine modifiée. Souvenons-nous, en France, du référendum de 2005 sur le traité constitutionnel européen qui a abouti à la victoire du « non » à 54,68 %. Son vote a été démocratique mais cela n'a pas empêché la France de le ratifier en contournant la volonté de la majorité des Français.

Mais le plus grand danger démocratique vient de l'accord en lui-même, car il est prévu qu'il intègre la technique juridique anglo-saxonne d'un *living Agreement*, c'est-à-dire un accord vivant qui ne trouve pas son point final dans une signature et une ratification, car destiné à évoluer. Dans ces conditions, il est possible d'imaginer qu'un accord *a minima* sera présenté dans un premier temps afin de rassurer les populations et que, dans un deuxième temps, se poursuivront les négociations dans l'opacité.

États-Unis *vs* Europe : qui est le plus fort ?

Certains promoteurs du traité affirment que l'Europe est économiquement en position de force face aux États-Unis. Dans une tribune intitulée « Traité transatlantique : le plus gros risque serait de ne pas conclure[15] », Vincent Champain, membre du groupe « mondialisation » de l'Observatoire du long terme, rappelle que l'Union européenne a un PIB de 16 400 milliards de dollars contre 15 700 milliards pour les États-Unis et que la balance commerciale entre ces deux zones est excédentaire de 125 milliards de dollars en faveur de l'Europe. Au regard de ces chiffres, les Européens peuvent donc avancer confiants dans les rounds de négociations. Pourtant une analyse plus

15. Champain (Vincent), « Traité transatlantique : le plus gros risque serait de ne pas conclure », *La Tribune*, 28 avril 2014.

fine des données économiques et du fonctionnement de l'Europe montre une réalité bien différente.

Premièrement, concernant la comparaison des PIB, il convient de noter que l'Union européenne a une population de 502 millions d'habitants contre 314 millions pour les États-Unis, si bien que le PIB par habitant – qui est un indicateur plus pertinent – y est environ 40 % plus faible. À cela, il faut ajouter l'hétérogénéité de l'Union européenne en termes de PIB par habitant[16]. Ainsi, celui de l'Allemagne n'est inférieur que de 21 % à celui des États-Unis, contre 30 % pour la France, 36 % pour l'Italie et 68 % pour la Roumanie[17].

Deuxièmement, sur plusieurs secteurs clés de l'économie, l'Union européenne a complètement décroché par rapport à son rival américain. Par exemple, dans le classement des dix meilleures entreprises d'électronique grand public ne figure aucune compagnie européenne contre six américaines. Idem dans l'informatique ou les services financiers, où les trois premières places sont tenues par des entreprises américaines. Enfin, le classement des dix marques les plus puissantes au monde atteste de la domination des États-Unis avec huit entreprises classées alors qu'aucune entreprise européenne n'y figure[18].

Troisièmement, il faut retenir la faiblesse politique de l'Europe face aux États-Unis. Alors que les institutions

16. Calculé en parité de pouvoir d'achat.
17. Borey (Grégoire), Chantrel (Étienne), « L'Union européenne une puissance économique "unie dans la diversité" », in *La France dans l'Union européenne*, INSEE Références, édition 2014.
18. Best Global Brands 2013, classement Interbrand.

européennes devaient faire apparaître une Europe forte avec un président stable et un haut représentant des affaires, elle ne dispose pas moins de cinq présidents : présidence stable, présidence tournante, président du Parlement, président de l'Eurogroupe, président de la Commission européenne. Or, ces cinq présidents ne laissent pas apparaître une forme claire de commandement. L'Union européenne est éclatée et n'exprime pas une souveraineté commune, elle n'est que l'addition d'États divergents économiquement et politiquement. Or, 28 souverainetés additionnées n'en font pas une.

Cette différence se traduit dans la politique économique menée par les deux ensembles. Alors que, contrairement à l'idée reçue, les États-Unis ont un recours pragmatique à la politique budgétaire et monétaire quand il s'agit de dynamiser leur croissance économique, l'Europe a imposé des dogmes rigides (équilibre budgétaire, lutte contre l'inflation) qui la privent de leviers de politique économique dont tout le monde se sert (la Chine, les États-Unis et le Japon en premier lieu), et l'a amenée à un jeu de surveillance des mauvais élèves.

Or, comme ces règles sont inadaptées à l'hétérogénéité de l'Europe, car elles imposent les mêmes contraintes à des pays qui connaissent des dynamiques démographiques et économiques différentes, elles donnent lieu à des divisions et des débats internes sans fin. Au final, plutôt que de se tourner vers l'extérieur avec une volonté de s'imposer au monde comme le font les États-Unis, l'Europe est minée de l'intérieur et tournée sur elle-même.

Il suffit de comparer la manière dont les États-Unis et l'Europe utilisent leur monnaie. Alors que l'Europe reste obsédée par le lien entre politique monétaire et inflation, les États-Unis utilisent le dollar comme une arme pour subventionner leurs exportations. En dévaluant leur monnaie, les Américains améliorent la compétitivité de leurs exportations. De l'autre côté, grâce à la dévaluation, les importations venues d'Europe apparaissent plus chères aux États-Unis ce qui, inversement, augmente la compétitivité des produits intérieurs américains.

Alors pourquoi les Européens ne font pas de même en dévaluant l'euro ? Le problème vient encore une fois de l'hétérogénéité économique des pays européens. Le haut niveau de l'euro désavantage certains pays mais profite à d'autres, comme le rappelle très justement Louis Gallois : « L'euro fort renforce les forts et affaiblit les faibles, il privilégie ceux qui ont réussi à échapper à la compétition par les prix en se plaçant sur le haut de gamme[19]. » Les rapports de force existant également à l'intérieur de l'Europe, il en a résulté un euro qui s'est apprécié de plus de 60 % depuis 2001.

Dans le cadre du marché transatlantique, la manipulation du dollar accompagnée d'une uniformisation des normes donnerait un avantage énorme aux multinationales américaines car, comme le commerce États-Unis/Europe est un

19. Tenoux (Jean-Pierre), « Entretien avec Louis Gallois », *l'Est républicain*, 22 février 2013.

commerce intra-branche[20], il ne pourra qu'être en faveur des États-Unis, la baisse du dollar rendant les biens américains moins chers que ceux des Européens. Et pire encore, comme la majorité des échanges sont intra-européens, les exportations américaines – moins chères et désormais possibles par l'uniformisation des normes américaines et européennes – pourraient se substituer à celles de certains pays européens provoquant une perte de débouchés pour les entreprises de ces pays[21].

Enfin, l'Europe est plus libérale dans son fonctionnement que les États-Unis. Effectivement, depuis sa construction, l'Europe a tenté d'uniformiser des modèles économiques et sociaux propres à chaque pays en promouvant la libéralisation par le marché. Car, contrairement à l'idée reçue, l'Union européenne est loin d'être la patrie des droits sociaux, ni même un rempart contre l'économie de marché. Certes, au départ, du fait de l'hétérogénéité des entreprises, des secteurs et des marchés, elle fut tiraillée entre une voie plus interventionniste et l'autre plus confiante dans le marché, mais depuis, elle a fait sa mue en s'empressant d'épouser les chemins d'un libéralisme obsessionnel et révérencieux à l'égard de

20. Commerce de biens similaires.

21. Les normes sont aujourd'hui quasiment les seuls obstacles au commerce entre les États-Unis et l'Europe. En abaissant ces normes, les États-Unis ont un avantage compétitif avec la manipulation du dollar. Les entreprises européennes qui échangent entre elles à l'abri des normes pourraient être fortement mises en concurrence avec leurs homologues américaines une fois les normes abaissées.

la concurrence. Face à la financiarisation débridée et la spéculation, elle a offert une monnaie qui n'a été qu'un bouclier de verre ; face aux inquiétudes de ses habitants sur une malbouffe à l'œuvre dans nos assiettes, elle s'est montrée parfois complaisante pour les OGM et a redonné vie au cauchemar des farines animales qui sont réintroduites depuis juin 2014 ! La réalité est que TAFTA n'est que le prolongement, trente ans plus tard, du marché unique et que nous sommes bien loin de cette opposition simpliste qui voudrait faire de l'Europe ce village gaulois assiégé par l'empire américain. En matière économique, l'Union européenne, loin d'être un bouclier protecteur, est la courroie de transmission de la mondialisation et de ses effets délétères.

Dans ces conditions, où, en Europe comme aux États-Unis, l'État s'est donné comme mission, non plus de contenir le marché, mais d'accroître ses forces, il est clair que les intérêts des industries vont être au cœur des négociations et que les lobbies industriels vont façonner ce traité. Les chiffres parlent d'eux-mêmes : par exemple, l'industrie financière compte 700 organisations de lobbying au niveau européen et dépense 123 millions d'euros par an quand les ONG ou associations de consommateurs ne disposent que d'un budget de quatre millions[22].

Or, les lobbies d'entreprises concurrentes s'accordent facilement quand les intérêts de leurs donneurs d'ordre convergent. S'il s'agit d'abaisser

22. ONG Corporate Europe Observatory.

les normes pour dégager plus de profit, des marques concurrentes sont capables d'agir ensemble. Souvenons-nous comment les lobbies des industries du chocolat ont réussi à faire accepter par le Parlement européen la diminution de la part du cacao (en le remplaçant par des matières grasses végétales coûtant trois à dix fois moins cher) tout en gardant l'appellation de chocolat[23]. Dans ce cas, le grand perdant est le consommateur. TAFTA est certes une mise en concurrence des industries européennes et américaines mais c'est surtout un outil des multinationales contre les intérêts des citoyens européens et américains.

23. CHAVAGNEUX (Christian), « Chocolat beurk », *Alternatives économiques*, n° 180, avril 2000.

L'ENJEU DES NORMES

Au cœur des négociations du traité transatlantique se trouvent les normes. La liste de ces normes est longue car elle porte sur de vastes champs de notre vie quotidienne tant sur le plan sanitaire, alimentaire ou de la propriété intellectuelle. C'est un sujet sensible et qui fait polémique depuis un certain nombre d'années, non seulement dans les relations transatlantiques avec des cas célèbres comme celui du poulet aux hormones, mais aussi à l'intérieur de l'Europe. Nous gardons en mémoire les positions divergentes des pays européens sur l'étiquetage des lieux de provenance sur les produits[24].

24. La Coldiretti, association d'exploitants agricoles italiens, dénonce l'abaissement du niveau des normes alimentaires de la part des autorités européennes, car sur l'étiquette de certains produits il n'est pas obligatoire d'indiquer le lieu de leur provenance. Selon l'association, 29 millions de kilos de concentré de tomates sont arrivés sans étiquette.

La question est de savoir si le traité transatlantique en élaborant des standards communs va entraîner un nivellement vers le bas des normes ?

Pour les promoteurs du traité, ces normes portent une ambiguïté : elles sont certes l'expression d'un souci d'assurer aux citoyens consommateurs une certaine sécurité dans différents domaines, mais elles sont aussi le moyen de se protéger plus subtilement des concurrents. Car si certains produits ne se conforment pas à des règles précises, et parfois coûteuses à respecter, ils ne peuvent passer les frontières. Plusieurs exemples peuvent confirmer cet argument, mais ils ne doivent pas masquer les nombreuses fois où les choix des citoyens dépassent largement les considérations économiques des industriels. L'interdiction de la fracturation hydraulique en France n'est en aucun cas un moyen de se protéger d'une quelconque concurrence, c'est avant tout un choix de société. Et il est à craindre que les négociations de TAFTA ne remettent sur la table une grande partie de nos choix (interdiction des OGM, fracturation hydraulique, etc.) parce qu'ils sont considérés par certains comme des entraves à la concurrence.

D'abord, il faut bien comprendre que le terme « norme » recouvre plusieurs significations avec des degrés d'implication plus ou moins forte pour les citoyens[25]. Certaines normes sont techniques, d'autres portent plus sur le domaine sanitaire ou

25. Selon la définition de l'OMC : « Les règlements techniques et les normes énoncent les caractéristiques spécifiques d'un produit, telles que sa taille, sa forme, sa conception, ses fonctions et propriétés d'emploi ou la manière dont il est étiqueté ou emballé avant d'être mis en vente. »

phytosanitaire, et le traité aurait pour but d'arriver à un rapprochement de ces normes afin de définir des standards communs, de production et de consommation, entre l'Europe et les États-Unis.

Pour les promoteurs du traité, cela permettrait de simplifier les échanges alors que des normes différentes amènent souvent à ajuster les productions en fonction des pays et engendrent donc des coûts supplémentaires pour l'entreprise. D'ailleurs sur ce point, le traité ne ferait qu'amplifier un accord antérieur portant sur la reconnaissance des organismes de certification[26]. Un certain nombre d'entreprises poussent dans ce sens, comme les constructeurs automobiles sur les normes relatives aux ceintures de sécurité ou d'autres composantes des véhicules. À en croire les promoteurs, le traité permettrait donc « ce rapprochement des normes » qui bénéficierait aux entreprises.

Ce raisonnement relève d'une grande naïveté car il n'y aura pas de rapprochement mais un ajustement des normes de l'une des deux parties, c'est-à-dire que les entreprises de l'une vont devoir s'ajuster aux normes de l'autre et que les coûts d'ajustement vont être uniquement supportés par l'une des deux parties. Surtout concernant les normes techniques, comment peut-on envisager sérieusement un rapprochement sur la taille d'un câble de frigo ou des ceintures de sécurité ? Or dans ce type de situation, l'histoire montre que

26. Un producteur européen doit toujours se conformer aux normes américaines en passant par un organisme européen accrédité.

l'ajustement se fait toujours sur les normes du plus fort ou sur les normes les moins contraignantes. Dans certains secteurs, comme l'automobile, les entreprises européennes peuvent être en position de force pour imposer leurs standards mais dans d'autres, comme la grande distribution, où sept entreprises américaines sont dans le classement des dix plus grosses entreprises mondiales en termes de chiffre d'affaires, le coût d'ajustement des normes sera subi par les entreprises européennes.

Dans ces conditions, un accord de libre-échange est en fait l'accord du plus fort puisque les concurrents les plus faibles sont relégués au rôle de suiveurs, obligés de s'ajuster sur les normes techniques du leader et d'en subir le coût (ce qui confortera encore plus la position du plus fort).

Mais ces chamailleries sur les normes techniques cachent le cœur du problème : les normes sanitaires et phytosanitaires. Les promoteurs du traité mélangent volontairement les deux alors que les normes techniques sur la longueur d'un câble de frigo n'ont pas les mêmes conséquences pour le consommateur que la baisse du cahier des charges sur l'alimentation.

C'est d'ailleurs sur ce point que les divergences sont les plus grandes car elles touchent à l'appréciation des risques et aux choix de vie collectifs. Or ces normes, visant à protéger le consommateur, représentent des coûts pour les entreprises. Autant sur les normes techniques, les compagnies américaines et européennes ont des intérêts divergents car elles ne veulent pas subir le coût de l'ajustement, autant sur les normes sanitaires, leurs intérêts peuvent converger pour abaisser leur niveau de protection. Par exemple, sur des sujets comme l'interdiction de la fracturation hydraulique en France ou en Bulgarie, Total et Exxon – des entreprises pourtant concurrentes – ont un intérêt commun : le changement ou l'abrogation de la loi. Quand il s'agit d'augmenter leur profit en rendant les législations moins contraignantes, les multinationales, qu'elles soient concurrentes, américaines ou européennes, parlent généralement d'une seule voix.

Il est clair que le traité transatlantique va être l'occasion pour les industriels de rouvrir des débats sur les interdictions dans un premier temps, puis dans un deuxième temps, d'attaquer les pays ayant les législations les plus strictes devant les tribunaux arbitraux. Et bien des produits vont faire débat dans la sphère alimentaire comme les poulets rincés aux solutions chlorées, le bœuf aux hormones ou le porc nourri à la ractopamine[27].

Certains vous diront que les Américains consomment ces produits et que les touristes qui se rendent aux États-Unis ne prennent pas des précautions particulières quand ils vont manger au restaurant. Pour les promoteurs, il faut se séparer du fantasme du grand méchant Américain ou de cette idée que l'Europe aurait des normes sanitaires plus strictes que les États-Unis. D'ailleurs, le fromage français est interdit aux États-Unis ainsi que le foie gras issu du gavage intensif. Mais le problème n'est pas là, il est dans le droit d'une collectivité de choisir

27. Un médicament qui gonfle la teneur en viande maigre.

sa façon de vivre alors que l'essence de TAFTA est de placer le principe de libre accès au marché au-dessus des préférences culturelles collectives. Dans ces conditions, interdire un produit nourri avec des OGM peut être considéré comme une distorsion à la concurrence.

C'est pourquoi la Commission de Bruxelles développe une communication pour rassurer le consommateur européen. Par exemple, le 18 février 2014, le commissaire européen Karel De Gucht affirmait « qu'il était nécessaire de trouver un compromis légal entre la nécessité des politiques publiques de protéger les individus et l'environnement, et, de l'autre, protéger et encourager l'investissement et ses corollaires : les emplois et la croissance[28] ».

Mais cette affirmation ne peut que renforcer les inquiétudes et atteste des contradictions dans la construction de TAFTA. Premièrement, alors que la Commission ne cesse de réaffirmer que les choix des consommateurs seront respectés, il est question de faire des compromis sur des normes, jugées trop protectrices. Ce qui en soi est inacceptable. Deuxièmement, elle confirme l'opposition entre d'un côté la protection des citoyens et de l'environnement, et de l'autre l'investissement des multinationales. Et comme les négociations

28. Cf. « *Stepping Up a Gear : Press Statement by EU Trade Commissioner Karel De Gucht following the stocktaking meeting with USTR Michael Froman on the Transatlantic Trade and Investment Partnership (TTIP)* », European Commission, *Statement*, Washington, 18 février 2014.

de TAFTA se font dans la plus grande opacité, et surtout contournent le processus démocratique, on se retrouve dans une situation absurde où deux parties prenantes (les citoyens-consommateurs-travailleurs et les entreprises) s'opposent sur des choix alors que seules les composantes d'une seule partie (les entreprises) ont le droit de négocier entre elles. Dans ces conditions, parler de compromis relève de l'hypocrisie.

Et dans l'hypothèse où les États, répondant aux vœux de leurs citoyens, refusaient la baisse de protection des normes ou édictaient de nouvelles normes protectrices ? Alors les multinationales pourraient saisir le tribunal arbitral et faire condamner ces États à de lourdes amendes. Le piège se referme.

La spéculation sur les créations d'emplois

Le traité TAFTA, comme bien d'autres traités de libre-échange auparavant, affirme que la création d'emplois sera massive. Le commissaire européen Karel De Gucht avance le chiffre de deux millions d'emplois. L'idée de base est que l'Europe et les États-Unis, deux grands ensembles commerciaux, pourraient s'offrir mutuellement de nouveaux débouchés pour leurs industries grâce à la réduction des barrières non tarifaires. Mais le chiffre, tout comme la méthode sont largement critiquables, et un petit flash-back sur les sérénades du libre-échange dans le cadre du marché unique européen ou du traité de libre-échange nord-américain (NAFTA) nous invite à la prudence.

Déjà en 1988, le rapport Cecchini[29] sur « les coûts de la non-Europe » faisait l'apologie du grand marché de 1986 et promettait aux Européens des millions d'emplois supplémentaires et un horizon de croissance économique pouvant atteindre plus de 6,5 % par an. Aujourd'hui, le bilan du marché unique européen tempère très largement la vision enchantée du rapport Cecchini : la croissance européenne n'a jamais décollé et le taux de chômage est resté au même niveau avant de se dégrader fortement avec la crise économique.

En 1994, le traité de libre-échange nord-américain (NAFTA) promettait croissance, création d'emplois et réduction des écarts de revenus entre les États-Unis et le Mexique. Pourtant, avec le recul, il laisse apparaître un bilan pour le moins mauvais en matière de création d'emplois. Une étude de l'Economic Policy Institute révèle que les États-Unis auraient perdu plus d'un million d'emplois dans la période 1993-1999. De son côté, le Mexique en aurait perdu autour d'un million dans la culture du maïs[30]. Enfin, l'étude montre également que les inégalités de revenus ont augmenté, que les capacités de négociation collective se sont affaiblies et que l'impact sur les salaires a été négatif.

---

29. Cecchini (Paolo) (dir.), « Une évaluation des effets économiques potentiels de l'achèvement du marché intérieur de la communauté européenne », *Économie européenne*, n° 35, mars 1988.
30. Scott (Robert E.), « *The high price of "free" trade : NAFTA's failure has cost the United States jobs across the nation* », Economic Policy institute, 17 novembre 2003.

Alors comment expliquer ces écarts entre les prévisions et les faits ? Une explication peut être trouvée à travers l'analyse des modèles de prévisions qui ont abouti au chiffre de « deux millions d'emplois ». Quatre études ont été commandées par la Commission de Bruxelles pour évaluer l'impact économique du traité : Ecorys (2009), CEPR (2013), CEPII (2013), Bertelsmann/ifo (2013). Elles constituent le soubassement scientifique de la promotion de l'accord. Sur les quatre études, une seule prévoit la création de deux millions d'emplois (Bertelsmann/ifo). D'ailleurs, ces emplois ne sont pas créés uniquement en Europe mais dans l'ensemble des pays de l'OCDE. Les trois autres études n'évaluent pas de créations d'emplois, car le modèle économique utilisé ne le leur permet pas à cause d'une hypothèse intrinsèque partant du principe que l'économie est déjà au plein emploi ! De fait, les auteurs y analysent uniquement les effets sur le PIB, les salaires ou les exportations en partant du principe qu'ils entraîneraient des créations d'emplois.

Ces études utilisent des modèles économiques impressionnants pour un non-initié (et même pour un initié) car ils sont composés d'importants systèmes d'équations dont la résolution est complexe. C'est d'ailleurs ces lignes d'équations qui, aux yeux des citoyens et des politiques, donnent au résultat obtenu toute sa légitimité. Un chiffre nécessitant des modèles à résolution aussi complexe ne peut être que « sacré » et donc difficile à remettre en cause. Pourtant, pour ceux qui ne se laissent pas impressionner par les équations, se cachent, derrière la façade du modèle, des hypothèses de fonctionnement extrêmement simplistes et souvent peu vraisemblables. Or, ce sont ces hypothèses qui déterminent la prévision finale.

Prenons l'exemple des études d'Ecorys, de CEPII et de CEPR. Elles utilisent les modèles GTAP et Mirage. En économie, ce sont une classe de modèles appelés « modèles d'équilibre général calculable ». Or, une des hypothèses de ces modèles est l'agrégation de l'ensemble des comportements des individus en un agent représentatif. Économiquement parlant, cet agent, censé représenter l'hétérogénéité et la complexité des comportements des individus aux États-Unis et en Europe, est uniquement guidé dans sa vie par sa fonction « calculatrice » car il doit, selon l'hypothèse, maximiser son utilité sous la contrainte d'un budget. Dans ces modèles, seuls les prix l'intéressent ; les goûts, la qualité des produits ne comptent pas. Et donc, par conséquent, une baisse de protection contre les poulets chlorés ou les OGM peut avoir des effets bénéfiques sur l'économie, car la baisse des normes conduit à la baisse des prix et donc à une plus forte consommation de ces produits par l'agent représentatif.

Pourtant, des études plus concrètes sur le comportement du consommateur en 2013 montrent qu'il boude les produits malins (soldes, prix compétitifs, etc.) et se réfugie vers des valeurs simples et durables[31]. Il est clair que les consommateurs des États-Unis, comme des pays européens ont des

---

31. CREDOC/PAIR Conseil, « Communiqué de presse du 8 avril 2013 », *Les Cahiers de la consommation.*

comportements bien plus hétérogènes et complexes (humeur, effet de mode...) que l'hypothèse d'agent représentatif utilisé dans ces modèles.

Bernard Guerrien, docteur en économie et en mathématiques, qualifie toute approche par l'agent représentatif « d'aberration » et « d'absurdité ». Il qualifie également les modèles d'équilibre général calculable de « fables », que l'on peut aménager en fonction des politiques que l'on souhaite promouvoir[32].

À côté des hypothèses propres au fonctionnement du modèle, il y a les hypothèses retenues par les auteurs qui sont le lien causal entre les variables (comment les variables doivent être liées entre elles) et la période d'analyse. Concernant le lien causal, les auteurs des études partent d'une hypothèse d'une réduction de 25 % des barrières non tarifaires et de 100 % des barrières tarifaires pour mesurer les impacts sur les PIB américain et européen, les exportations, les salaires et l'emploi. Mais c'est là que se trouve tout le double discours autour des négociations de TAFTA : d'un côté, on nous assure qu'il n'y aura pas un abaissement des normes et de l'autre, on nous promet des créations d'emplois et de la croissance à condition qu'il y ait une réduction des barrières non tarifaires de 25 %. Pour les auteurs, il y a donc une articulation entre baisse des normes et gains économiques. Et avec une réduction de 25 % des barrières non tarifaires, autant dire qu'il va falloir trancher dans le vif sur les normes sanitaires et alimentaires. D'ailleurs, il convient de

---

32. Guerrien (Bernard), *Dictionnaire d'analyse économique*, Paris, La Découverte, 4e éd., 2012, p. 197.

noter que si d'un côté la baisse des barrières non tarifaires est élevée, de l'autre, les résultats sur la croissance sont assez faibles, même dans les scénarios les plus optimistes : 1,31 % d'augmentation du PIB sur le long terme pour l'Europe, et pour la majorité des études le gain est inférieur à 1 %.

Concernant la période d'analyse (qui détermine le terme de la prévision), hormis l'étude Ecorys, l'ensemble des modèles table sur des prévisions de long terme, de dix ans minimum. En l'occurrence, l'étude qui prévoit la création de deux millions d'emplois est sur un horizon de dix à vingt ans. Autant dire que TAFTA, même s'il avait des effets positifs sur l'emploi, ne répond en rien à l'urgence des 25 millions de chômeurs actuels en Europe.

À cela, il faut ajouter la fragilité des prévisions de long terme qui se basent sur une évolution extrêmement conventionnelle du monde (l'ensemble des paramètres sont constants) et néglige les coûts d'ajustement de moyen et court terme. Par exemple, les modèles ne considèrent aucune possibilité de changement de politiques ou de paramètres. Ils prévoient à politiques, règles de droit et comportements constants.

Or, l'histoire montre qu'il peut y avoir des surprises (même quand elles n'étaient pas si imprévisibles). Par exemple, au début des années 2000, aucune prévision de long terme n'a pris en compte la crise des *subprimes* ou la montée en puissance des pays émergents. Or, ces changements structurels ont bouleversé les prévisions notamment sur l'emploi, la croissance, la dette où les prix des matières premières.

Au final, pour que la prévision de deux millions d'emplois, comme les impacts sur la croissance ou les exportations, se réalise, il faut qu'un certain nombre de conditions soient réunies[33]. Premièrement que les hypothèses des modèles, tout comme celles retenues par les auteurs, collent à la réalité – ce qui, comme nous l'avons vu précédemment, semble peu probable – et deuxièmement, qu'il n'y ait pas de surprise venant perturber la prévision c'est-à-dire qu'elle se fasse selon la célèbre formule « toutes choses étant égales par ailleurs ». Dans un monde réel, il y a peu de chances que ces prévisions se réalisent et on comprend mieux pourquoi les prévisions économiques du marché unique en Europe ou de NAFTA ont été si éloignées de la réalité. Car, trop souvent, les raisonnements économiques ne servent pas à éclairer les politiques mais seulement à les légitimer ; comme dans notre cas, où ces études sont avant tout des armes idéologiques pour promouvoir TAFTA.

---

33. Une étude de l'OFSE (Österreichische Forschungsstiftung für internationale entwicklung) intitulée « *Assessing the Claimed Benefits of the Transatlantic Trade and Investment Partnership (TTIP)* », parue en mars 2014, juge également les élasticités-prix trop fortes (du simple au double) par rapport aux modèles traditionnellement utilisés dans la littérature économique. Les élasticités-prix caractérisent le comportement des consommateurs et des producteurs en fonction des mouvements sur les prix, notamment le fait qu'une baisse des prix amène nécessairement à plus de consommation. Or, en retenant des élasticités prix-volumes très fortes, les auteurs amplifient volontairement les vertus du libre-échange en supposant que les consommateurs et les producteurs sont très sensibles à la baisse des prix.

Un traité qui freine la transition énergétique

Dans le domaine de l'énergie, le traité transatlantique affiche les mêmes objectifs que dans d'autres secteurs : la libéralisation des échanges, la suppression des barrières commerciales (tarifaires et non tarifaires) et la protection de l'investisseur. Pour les promoteurs du traité, la libéralisation des marchés de l'énergie entraînerait une baisse des prix qui serait bénéfique au pouvoir d'achat des consommateurs et à la compétitivité des industries. Elle permettrait également de diversifier les sources d'approvisionnement en Europe en remplaçant notamment le gaz russe par du gaz de schiste américain. Enfin, en favorisant les échanges, le marché transatlantique stimulerait l'innovation et permettrait le transfert de technologies, ce qui bénéficierait au développement des énergies renouvelables et donc favoriserait la transition énergétique. Malheureusement, ces arguments, vantant les vertus de la libéralisation comme une vérité objective, ne visent en réalité qu'à conforter la place actuelle des multinationales de l'énergie.

Premièrement, la structure de production et de consommation de l'énergie est fortement rigide et inerte. Car les coûts d'entrée y sont élevés à cause des infrastructures nécessaires – on n'ouvre pas une compagnie pétrolière comme on ouvre une épicerie – et la demande est faiblement élastique aux prix – on ne change pas de voiture ou de chauffage en fonction du prix de l'énergie. Ces spécificités en font un secteur à tendance oligopolistique. Il suffit de regarder les conséquences de la libéralisation du secteur de l'énergie au Royaume-Uni en termes de tarification et de structure du marché. Alors même qu'elle était considérée par la Commission européenne comme l'exemple à suivre, la libéralisation du marché de l'électricité britannique a accouché d'un oligopole de six entreprises qui se partagent le marché en absence de toute menace concurrentielle crédible[34]. Évidemment, les prix de l'électricité, alors qu'ils étaient censés baisser, ont augmenté. On est loin des prévisions des experts de la Commission européenne lors de la création du marché unique.

L'ouverture du marché transatlantique amènera probablement à une situation similaire avec un nombre de majors relativement limité, et déjà connu, qui se partageront les différents marchés

34. Boroumand (Raphaël Homayoun), « La dame de fer, la main invisible et la fée électricité », *Le Monde*, 15 juillet 2013.

sans que personne ne se lance dans une guerre des prix. Avec l'intégration du marché du gaz américain et européen, les prix du gaz et du charbon pourraient même grimper[35].

L'autre argument avancé est que les énergies renouvelables vont se développer grâce aux innovations induites par les échanges et le transfert de technologies. Encore une fois, cet enchaînement révèle une vision enchantée de l'économie de marché. La plupart des innovations ne sont pas nées du libéralisme économique, elles sont le fruit de politiques publiques d'investissement dans la recherche. Même Internet n'est pas le résultat du dynamisme des entrepreneurs et n'aurait jamais existé sans les années de recherche publique du Département de la défense américain. De même, la transformation de la Corée du Sud, d'une économie exportatrice de produits bas de gamme en une puissance mondiale dans les secteurs de l'automobile ou de la sidérurgie, provient avant tout de choix

35. L'intégration du marché du gaz américain et européen pourrait entraîner une hausse des prix du gaz qui aurait un impact sur le prix du charbon. Actuellement, aux États-Unis, le prix du gaz est autour de quatre dollars contre onze dollars sur le marché européen. Les compagnies américaines cherchent à exporter leur gaz vers l'Europe. Or, comme le coût de transport du gaz est élevé, il est probable que le prix du gaz ne baissera pas alors en Europe. Du côté américain, les exportations de gaz évinceront une partie de l'offre destinée aux Américains, en conséquence le prix du gaz augmentera aux États-Unis. Les Américains pourraient alors substituer à nouveau le charbon à leur consommation de gaz comme ils l'avaient fait inversement avec le charbon lorsque le gaz était relativement moins cher, et le prix du charbon pourrait alors augmenter à son tour.

politiques et pas de mécanismes générés naturellement par le jeu du marché.

D'ailleurs, il y a une dizaine d'années, certains économistes avançaient qu'avec l'augmentation des prix du pétrole, la transition énergétique s'enclencherait naturellement. L'idée de base était de dire que le prix du pétrole en augmentant allait permettre aux énergies renouvelables d'être plus rentables et donc de s'insérer dans le marché. Encore une fois, l'histoire a démontré l'inverse, le prix du pétrole a été multiplié par cinq en dix ans sans que les énergies renouvelables prennent une place significative. Force est de constater que sans volonté politique, il n'y aura pas de développement des énergies renouvelables et le marché transatlantique ne fera que conforter le pouvoir des industries en place pour les décennies à venir.

Enfin, on constate amèrement qu'un paramètre est absent des négociations et pourtant directement relié à l'énergie : la contrainte climatique. Pourtant, au niveau mondial, quelque 80 % de nos consommations d'énergies sont alimentés par des énergies polluantes : le pétrole, le charbon et le gaz. Durant tout le XXe siècle, ces énergies étaient majoritairement consommées par les pays de l'OCDE qui sont responsables pour deux tiers des émissions de CO_2 alors qu'ils ne représentent que 15 % de la population mondiale. Or, les impacts les plus violents du changement climatique sont subis par les populations des pays du Sud, celles pour qui les saisons et la température affectent le rendement des cultures ou de la pêche. Certains subissent déjà les conséquences de notre manque d'action et en 2012 il y a eu plus de 32 millions de réfugiés climatiques.

Face à une telle responsabilité historique et alors même qu'elles sont les premières puissances économiques, les États-Unis et l'Europe ont le devoir de se lancer dans la transition énergétique. Pourtant, le traité affiche clairement son ambition de développer le commerce des hydrocarbures entre les États-Unis et l'Europe sans imposer une quelconque contrainte. La position de l'Europe est d'autant plus surprenante, voire même schizophrène, qu'en 2008, la Commission avait fixé comme objectif d'ici à 2020, de réduire de 20 % les émissions de gaz à effet de serre, d'augmenter de 20 % l'efficacité énergétique et de porter à 20 % la contribution des énergies renouvelables.

Sans volonté politique, il n'y aura ni lutte contre le réchauffement climatique, ni développement des énergies renouvelables et de l'efficacité énergétique. Certes, la politique publique idéale n'a pas encore été trouvée. Mais il est certain qu'elle doit promouvoir ces nouvelles énergies tout en encadrant la puissance des compagnies énergétiques historiques. Comment peut-on nous faire croire que des négociations entre Areva, Exxon ou Total feront surgir une politique favorisant la transition énergétique. Le traité transatlantique ne fera que renforcer leurs positions déjà dominantes.

D'ailleurs, l'autre volet de TAFTA sur la protection de l'investissement confirme ce constat car n'importe quelle politique publique faisant la promotion d'une énergie particulière en imposant des restrictions à une autre forme d'énergie (comme la fermeture de Fessenheim ou l'interdiction de la fracturation hydraulique) pourra être perçue comme une barrière au commerce, et les entreprises concernées pourraient les contester auprès des tribunaux arbitraux.

Des tribunaux au-dessus des lois

Le futur traité de libre-échange transatlantique contiendra un mécanisme de règlement des différends des entreprises dits « Investor-State Dispute Settlement » (ISDS). Il doit permettre, comme dans des traités de libre-échange antérieurs, de régler des litiges de nature commerciale qui pourraient exister entre les investisseurs et les États. Il a la particularité de les confier à une instance arbitrale, ce qui signifie la soustraction du litige aux cours de justice nationales ou internationales (l'organisme de règlement des différends de l'OMC par exemple, ou une Cour de justice internationale).

Il existe déjà une instance à Washington, créée par la Banque internationale pour la reconstruction et le développement (BIRD), qui traite de ce type de litiges entre un État et un investisseur originaire d'un autre État : le Centre international de règlement des différends sur l'investissement (CIRDI), dont les juges sont des professeurs de droit ou des avocats d'affaires nommés au cas par cas (un arbitre nommé par l'investisseur, un par l'État, et le troisième par la Banque). L'appel n'est pas permis dans ce type d'instance.

Ce mécanisme contient des dangers évidents car les entreprises pourraient saisir cette instance pour combattre efficacement ce qui relève de préférences collectives en matière sanitaire, alimentaire ou éducative pour ne citer que ces domaines. Désormais, n'importe quelle loi, ou choix politique, peut être perçue comme une entrave à l'investissement de l'entreprise et faire l'objet de contestation. Avec ce type de mécanisme, les intérêts commerciaux des entreprises se trouvent juridiquement placés au-dessus des préférences des États. Et un simple retour sur expérience ne peut que renforcer les inquiétudes.

Par exemple, dans le cadre du traité de libre-échange entre les États-Unis et l'Équateur, le CIRDI a condamné l'Équateur à payer 1,77 milliard de dollars à Occidental Petroleum, car l'Équateur a mis fin à un contrat avec l'entreprise qui ne respectait pas ses obligations. Le cigarettier Philip Morris a utilisé la même procédure en 2010-2011 contre les gouvernements de l'Uruguay et de l'Australie car ces États conduisaient des campagnes antitabac. Les investisseurs emploient de plus en plus ce type de recours : en 1999, le nombre de plaintes s'élevait à 11, contre 45 en 2004 et 62 en 2012. Les plaintes des investisseurs ont été déclarées recevables, du moins en partie, dans 70 % des décisions rendues publiques[36]. Il faut également noter que lorsque l'État gagne, contrairement aux multinationales, il ne reçoit pas de compensation financière. C'est un procès sans risque (sauf quelques frais d'avocat) pour l'entreprise-investisseur.

Certains diront que dans le cas de l'Europe et des États-Unis, il est déjà possible d'avoir recours à ce mécanisme et que le nombre de plaintes reste faible comparé aux 3 200 accords internationaux d'investissement en vigueur aujourd'hui. C'est vrai, ces tribunaux arbitraux ne sont pas systématiquement sollicités, mais leur existence reste néanmoins une menace surtout pour des secteurs où les profits sont très élevés et où le temps n'est pas une composante importante[37], c'est le cas notamment du secteur de l'énergie.

Concrètement, le mécanisme de l'ISDS ne ferait que prolonger et amplifier la jurisprudence dégagée par les juridictions de l'Union européenne – voire par les juridictions administratives nationales – relative à la sécurité juridique des entrepreneurs (et plus largement des agents économiques). Ce droit à la sécurité juridique peut s'exprimer ainsi : « un entrepreneur a droit à un environnement juridique économiquement stable » et toute modification de cet environnement doit donner lieu à une compensation.

---

36. CNUCED (Conférence des Nations unies sur le commerce et le développement), « Hausse spectaculaire du nombre de différends relatifs aux investissements internationaux », *Communiqué de presse*, 10 avril 2013.
37. Selon le CNUCED, le délai de procédure n'est pas plus rapide qu'une juridiction nationale.

Mais à la différence de la future ISDS, pour les juridictions administratives nationales et européennes[38], le droit à la sécurité juridique – et donc à une indemnisation ou à l'annulation de la (nouvelle) règle contraignante – s'apprécie en fonction de la légitimité de la nouvelle règle (est-elle justifiée par un motif de service public ? De santé ? De diminution de risques de toute nature ?) et du coût engendré par cette nouvelle règle (imprévisible) à l'agent économique qui en subit les effets (le préjudice est-il pour lui spécial et anormal ?). Il s'agit donc pour les juridictions administratives de mettre au point une doctrine permettant l'établissement de nouvelles règles, tout en garantissant que la charge de participation à cette règle soit équitable pour tous. Il ne s'agit pas pour les juridictions actuelles d'empêcher dans les faits l'établissement de toute nouvelle règle.

Il n'en sera probablement pas de même de la future ISDS. Surtout si elle s'inspire de la doctrine du CIRDI qui stipule qu'une entreprise a droit à l'environnement juridique qu'elle a connu lorsqu'elle a commencé à entreprendre, et donc a le droit d'être indemnisée du profit perdu par toute modification de législation ou réglementation qui lui serait défavorable[39]. Autrement dit, avec l'instauration de l'ISDS, il sera impossible, ou sinon très coûteux,

38. Dont la saisine directe, à l'encontre d'un État, par une personne privée est aujourd'hui autorisée.
39. Une telle différence de jurisprudence pouvait être relevée sur les décisions juridictionnelles concernant l'exploitation du gaz de schiste en France.

pour un État ou pour l'Union européenne (mais aussi pour les États-Unis) d'édicter de nouvelles règles par la loi ou par le règlement.

Dans ce contexte, on peut s'étonner que l'Union européenne puisse accepter d'inclure un mécanisme de cette nature. Mais l'observation des orientations de politiques économiques choisies depuis le début de sa construction atténue la surprise.

La peur du déficit public, de la dette et de l'inflation a accompagné, de façon obsessionnelle, la construction économique de l'Union européenne, ce qui a conduit à un désarmement des souverainetés nationales en matière budgétaire et monétaire. En privant d'un côté les pays européens de ces deux armes dont disposent l'ensemble des pays non européens et en faisant, de l'autre, le choix de la compétitivité comme objectif principal, la Commission a amené les pays à jouer sur la baisse de la fiscalité et/ou des salaires. Les multinationales se sont retrouvées en position d'exercer un chantage de plus en plus fort sur les conditions fiscales et sociales des pays où elles investissaient. Face à des choix politiques muselés par les critères de la Commission, d'autres souverains se sont imposés, autrement plus puissants : les marchés financiers et les firmes transnationales.

Et, en réalité, la mise en place du traité transatlantique accompagné de tribunaux spéciaux dédiés aux investissements des entreprises s'inscrit parfaitement dans le prolongement des choix politiques antérieurs des dirigeants européens. Après la garantie économique offerte aux créanciers privés grâce à l'anéantissement de la politique monétaire, voici la garantie juridique offerte aux entrepreneurs grâce à l'anéantissement des possibilités de légiférer sur les droits du travail et de la consommation.

Certains diront que la France et l'Allemagne ont déjà manifesté leur opposition à l'inclusion d'un tel mécanisme et qu'une consultation en ligne pendant un mois a été mise en place par l'Union européenne. Mais peut-on croire à cette illusion de démocratie ? Combien de consultations en ligne ont été méprisées quand venaient les arbitrages de ceux qui ont le pouvoir ? Le risque demeure et l'expérience montre qu'à l'échelle européenne, quelles qu'en soient les conséquences pour les peuples, un mécanisme mis en place est difficile à défaire.

Conclusion

TAFTA présente des risques évidents pour les citoyens européens et américains. Nous avons vu que les modèles économiques utilisés pour chiffrer les créations d'emplois sont largement critiquables ; que la négociation entre représentants des multinationales pourrait aboutir à une baisse des normes qui serait préjudiciable pour les travailleurs et les consommateurs ; que l'instauration de tribunaux arbitraux permettra de surveiller les États afin que de nouvelles règles jugées trop protectrices par les multinationales ne soient plus édictées ; enfin qu'en confortant le rôle des compagnies énergétiques historiques, le traité risque de rendre encore plus difficile une transition énergétique.

Dans les faits, TAFTA est moins une opposition entre les représentants des États-Unis et de l'Europe qu'une opposition ente les multinationales et les citoyens. En consolidant leur emprise, en leur garantissant un ordre juridique défavorable à l'amélioration de la vie, de la sécurité des travailleurs et des consommateurs, mais également en empêchant la lutte contre la dégradation de la planète, le traité semble vouloir organiser un nouvel état du capitalisme capable de lutter contre l'évolution des règles. Le grand gagnant de cet accord ne sera donc pas les États-Unis, ni même l'Europe, mais le capitalisme mondial.

D'ailleurs, TAFTA ne répond en rien aux problèmes actuels de l'Europe, ni aux enjeux de la planète tels que l'urgence de la question écologique, la réglementation de la finance, la montée des inégalités et la lutte contre la pauvreté extrême. Il pourrait même amplifier ces problèmes.

Il appartient donc à tous les citoyens de s'emparer de ces questions, de débattre, d'exiger des comptes, de faire de l'économie une affaire politique, c'est-à-dire une affaire qui relève des choix de la cité, et de faire halte à une « expertocratie » trop souvent au service du plus fort. Les oligarchies industrielles et financières dominent trop et conduisent les peuples à la catastrophe : hier la crise des *subprimes*, aujourd'hui TAFTA.

Certes, ce traité peut nous paraître éloigné de nos préoccupations quotidiennes, mais comme l'affirmait le grand juriste italien Piero Calamandrei, soucieux de lutter contre l'indifférence à l'égard de la politique : « Le monde est si beau, il y a tant de choses à voir, dont on peut se réjouir, plutôt que de s'occuper de la politique. La politique n'est pas une chose agréable. Mais la liberté, c'est comme l'air, on en mesure la valeur lorsqu'on s'aperçoit que l'on en manque[40]. »

Alors avant que le piège se referme, faisons naître le débat sur ce traité et refusons un avenir dessiné par d'autres.

---

40. Calamandrei (Piero), « Discurso sulla Costituzione » [« Discours sur la Constitution »], 26 janvier 1955.

Table des matières

Composition :
L'atelier des Glyphes

Achevé d'imprimer en France
par Dupli-Print (95) en avril 2016

N° d'impression : 2016042981